KEBAB ET BERLINER À FAIRE À LA MAISON

KEBAB ET BERLINER À FAIRE À LA MAISON

Recettes de Lüks kebab
Photographies de Simon Détraz
Stylisme de Séverine Augé

LAROUSSE

ICI LE CHEF, C'EST VOUS !

Le restaurant Lüks Kebab, vous dévoile ici de nombreuses recettes de base, des pains aux sauces en passant par la réalisation de la broche de viande au four, pour des kebabs 100 % maison !

Petits conseils et astuces sont glissés au fil des pages pour vous aider à trouver tous les ingrédients dont vous aurez besoin, et vous permettre de réaliser des recettes inédites, à votre image.

Amusez-vous à créer de nouvelles associations pleines de saveurs qui changeront du « salade, tomates, oignons ».

Si vous manquez d'inspiration, les signatures de Lüks Kebab sont là pour vous garantir 100 % de plaisir avec des kebabs inspirés de la cuisine du monde : de l'Italie au Viêtnam en passant par le Québec… Voyagez en un croc bien gourmand !

UN KEBAB GOURMET À DOMICILE, C'EST MAINTENANT POSSIBLE !

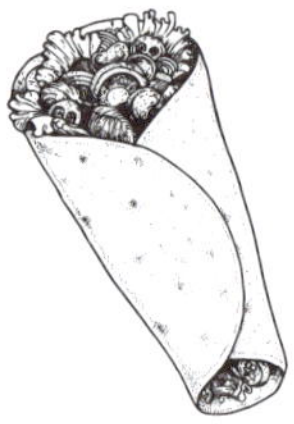

SOMMAIRE

Les kebabs et Cie

Les Boissons

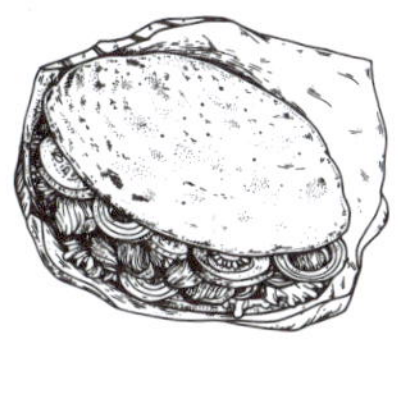

Le B.A BA
du kebab

LA PETITE HISTOIRE DU KEBAB !

Parfois appelé « grec » à tort,
c'est bel et bien en Turquie que le kebab est né !
Du moins, la viande à kebab et ses secrets de préparation,
qui ont parcouru un long chemin avant de prendre la forme
du sandwich qu'on leur connaît aujourd'hui !

ÉTATS-UNIS

C'EST QUOI, LE « KEBAB » ?

Le mot « kebab » désigne historiquement la viande grillée, et devrait son nom à « kepa », son mode de cuisson turc, ou à « kabab » qui signifie « grillade » en arabe. À l'origine, en Turquie, on grillait de la viande d'agneau marinée, mais aussi des pièces de veau ou de volailles. « Kebab » est aujourd'hui utilisé pour parler plus largement du sandwich garni, voire du restaurant où il est préparé.

LA TRAVERSÉE DE L'EUROPE

Un trésor de la Turquie !

L'histoire du kebab remonte au Moyen Âge, où la viande à kebab était grillée à la broche sur le feu par les peuples nomades turcs d'Asie centrale - et parfois directement sur l'épée des Ottomans à en croire les légendes !
La broche a changé d'angle pour passer à la verticale vers 1830, puis en 1867 le premier magasin de viande rôtie sur broches verticales ouvre ses portes à Bursa, au Nord-Ouest de la Turquie. À partir de 1945, cette pratique se développe à Istanbul, où la viande
est servie en assiette accompagnée de pain jusque dans les années 1960.

À la mode de Berlin !

C'est en Allemagne, à Berlin, dans les années 1970, que la viande à kebab vient épouser le pain, agrémentée de petits légumes, pour prendre la forme de sandwich qu'on lui connait aujourd'hui : le *döner kebab* !
D'autres disent que l'inventeur, un immigré turc, n'aurait fait que reproduire ce qui se pratiquait déjà en Turquie... le mystère plane toujours !

Un nouveau « grec » !

Dans le même temps, le célèbre sandwich avait voyagé jusqu'en Grèce où il aurait été mis à la sauce locale : le porc y remplace l'agneau, le veau ou la dinde et le tzatziki arrose le tout !

À LA CONQUÊTE DU RESTE DU MONDE !

Aujourd'hui, le kebab a traversé toutes les frontières, mers et océans. On trouve des enseignes de street-food kebab dans toutes les régions du monde, et chacun y va de sa revisite pour casser les codes ! Un beau succès pour un petit sandwich turc !

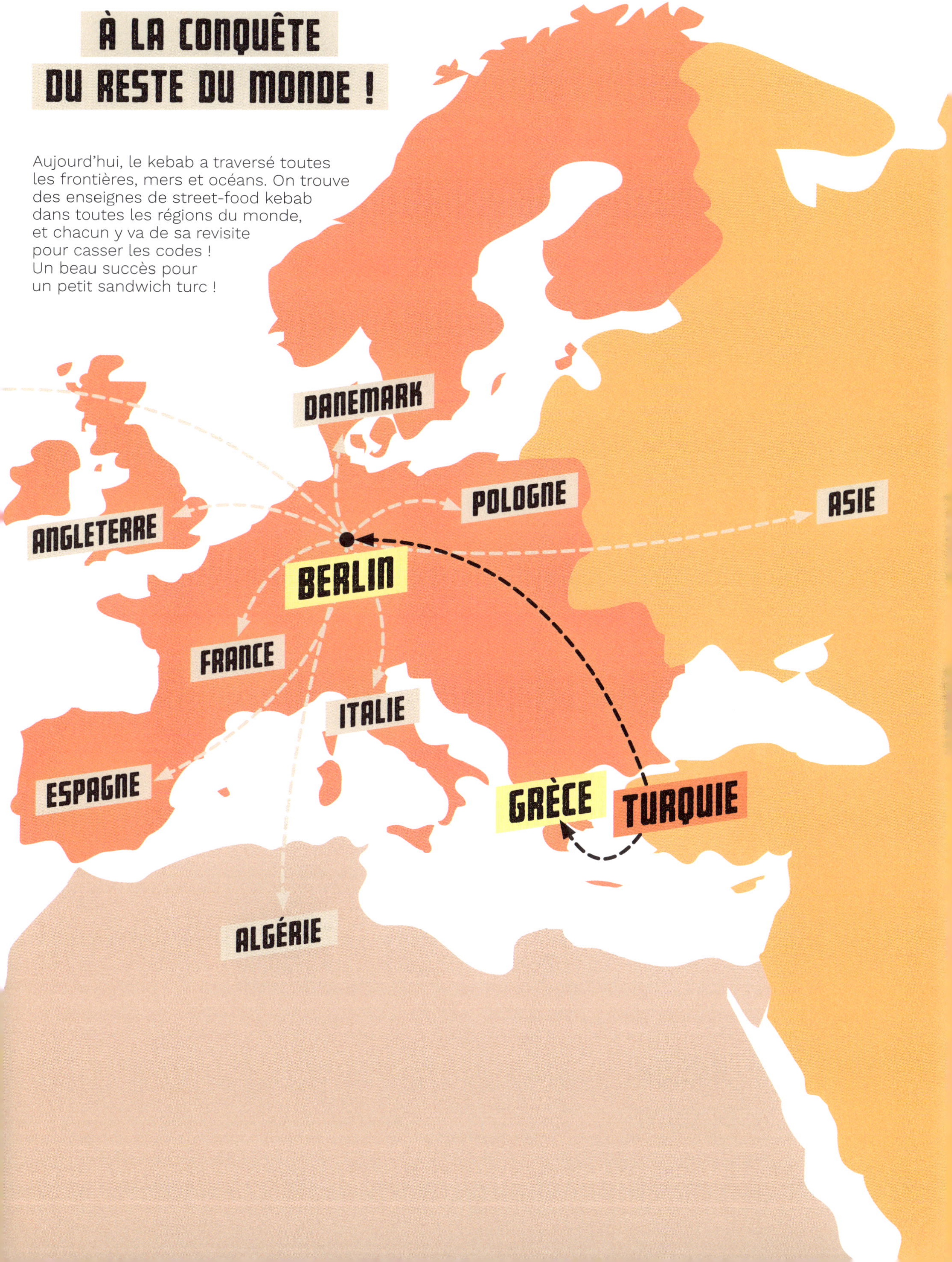

ZOOM SUR LES INGRÉDIENTS !

Pour des kebabs pleins de saveurs, les recettes de ce livre piochent parmi les ingrédients les plus traditionnels de la cuisine turque, mais s'autorisent aussi des senteurs méditerranéennes. Voici de quoi mieux les connaître et les trouver !

LES PLUS TRADITIONNELS !

BEYAZ PEYNIR

Fromage turc à pâte pressée non cuite, le *beyaz peynir* est aussi appelé « feta turque ». Friable et assez salé, c'est un des fromages les plus consommé en Turquie. Il peut être réalisé à base de lait de brebis, de chèvre ou de vache.

ÇAY

Traditionnellement preparé dans un récipient double appelé « çaydanlik », le *çay* est le thé turc traditionnel. Il s'agit d'un thé noir qui provient de la region de Rize, au bord de la Mer Noire. Vous pouvez le déguster plus ou moins infusé, ce qui lui donnera une couleur plus claire – *açik* –, ou plus foncée – *koyu*.

HALLOUMI

Fromage originaire de l'île de Chypre, composé de lait de chèvre et de brebis, il a une forme particulière avec une fissure au centre due à sa préparation : la pâte est pliée en deux en cours de fabrication. Sa texture est assez ferme pour qu'il soit tranché et frit, sans être dure.

YAOURT TURC

Ingrédient très courant de la cuisine turque, on retrouve ce yaourt à base de lait fermenté de brebis, buffle, vache ou chèvre dans de nombreuses recettes. Il peut être remplacé par du yaourt grec, à la texture similaire.

KASAR PEYNIRI

Le *kasar peyniri* ou « kasséri » est un fromage turc à pâte mi-molle assez compacte, historiquement à base de lait de brebis. On en trouve aujourd'hui au lait de chèvre ou de de vache. Il peut être remplacé dans les recettes par de la mozzarella.

DES INFLUENCES GOURMANDES...

BACON DE VEAU

Le kebab, à part dans sa version grecque, ne comporte pas de porc. Pour y apporter un petit côté fumé, dans certaines recettes de ce livre, on utilise du bacon de veau (ou poitrine de veau fumée). Vous pouvez également utiliser de la dinde fumée en remplacement.

BURRATA DI BUFALA

Sorte de mozzarella au cœur extrêmement crémeux, cette burrata est fabriquée à base de lait de bufflone.

CHERMOULA

Sauce d'origine marocaine, aussi appelée « charmoula », à base d'herbes et d'épices, traditionnellement préparée à l'aide d'un mortier, elle accompagne souvent les plats à base de poisson et les tajines.

FELFEL

Recette algérienne de poivrons et tomates grillés en sauce ou salade, elle se déguste traditionnellement accompagnée de pain ou sur un couscous.

STRACCIATELLA DI BUFALA

La stacciatella ressemble à de la crème entière avec quelques filaments de fromage. Fabriquée à base de lait de bufflone, elle correspond au cœur crémeux de la burrata.

LES BONNES ADRESSES

PRODUITS ITALIENS

Burrata, stracciatella, copeaux de truffes, tomates séchées, huile d'olive à la truffe.

MAGASINS :
- **Partout en France** : en épiceries italiennes.
- **À Paris** : Tentazioni, Eataly, Paisano, La Grande Épicerie de Paris.

SITE INTERNET :
hellomamma.fr

PRODUITS TURCS

Épices pour marinades, *beyaz peynir*, pain pide, yaourt turc ou grec, thé turc, halloumi.

MAGASINS :
- **Partout en France** : dans les petites épiceries orientales et épiceries bio.
- **En Île-de-France** : dans les supermarchés et boucheries Istanbul.
- **À Paris** : Sabbah Belleville, Mervan, Sarah Oriental.
- **À Lyon** : Grand Marché Istanbul.

SITE INTERNET :
grandturkishbazaar.com

PRODUITS CANADIENS

Sauce brune, fromage à poutine, sirop d'érable.

SITE INTERNET :
- Produitcanadien.fr
- Katana.fr
- Saveurs-erable.fr

PRODUITS VÉGÉTARIENS

Viande Heura®, falafels.

MAGASINS :
Vous les trouverez dans tous les supermarchés classiques.

SITE INTERNET :
vegetalfood.fr

COMPOSE TON KÉBAB !

À vous de devenir le chef !
Vous trouverez dans ce livre toutes les recettes de base pour composer un kebab à votre image.
Laissez-nous vous guider pour mieux vous amuser !

ÉTAPE 1 : LA FORME

- **DANS UN PAIN** → choisis entre les trois sortes présentées dans le livre :
  - **PAINS À KEBAB MAISON** (voir p. 24)
  - **GALETTES *DÜRÜM*** (voir p. 27)
  - **GALETTES PITAS** (voir p. 28)
- **EN ASSIETTE** → va à l'**ÉTAPE 4**

ÉTAPE 2 : LA SAUCE

SAUCE BLANCHE (voir p. 32)
MAYONNAISE BY LÜKS (voir p. 33)
PINK MAYONNAISE (voir p. 36)
SAUCE CORÉENNE (voir p. 38)
SAUCE CACIK, TZATZIKI TURC (voir p. 38)
SAUCE CHEDDAR BY LÜKS (voir p. 39)
SAUCE VERTE À LA PISTACHE (voir p. 43)
SAUCE DZ ALGÉRIENNE (voir p. 44)
SAUCE SWEET SPICY (voir p. 44)
SAUCE HARISSA BY LÜKS (voir p. 45)
SAUCE SECRÈTE (voir p. 48)

ÉTAPE 3 : VIANDE OU VEGGIE ?

VIANDE À KEBAB, BROCHE DE VEAU ET DINDE (voir p. 20)
FALAFELS PLATS À BASE DE POIS CHICHES

ÉTAPE 4 : LA GARNITURE

SALADE (BATAVIA, MESCLUN, ROQUETTE…)
BOULGOUR PILAV POUR UNE ASSIETTE (voir p. 73)
TOMATE, CONCOMBRE…
FROMAGE (FETA, BURRATA, CHÈVRE…)
PICKLES DE LÉGUMES (voir p. 56 et 78)
OIGNONS CARAMÉLISÉS (voir p. 60)
CAROTTES RÂPÉES BÁNH MÌ (voir p. 71)
CAROTTES À LA CHARMOULA (voir p. 64)
FELFEL AUX POIVRONS (voir p. 64)
LÉGUMES GRILLÉS (voir p. 80)

ÉTAPE 5 : LE TOPPING

ARROSE LE TOUT DE LA MÊME SAUCE OU D'UNE SAUCE COMPLÉMENTAIRE POUR ENCORE PLUS DE GOURMANDISE.

ÉTAPE 6 : LES SIDES

BÂTONNETS D'HALLOUMI FRITS (voir p. 50)
FRITES MAISON (voir p. 51)

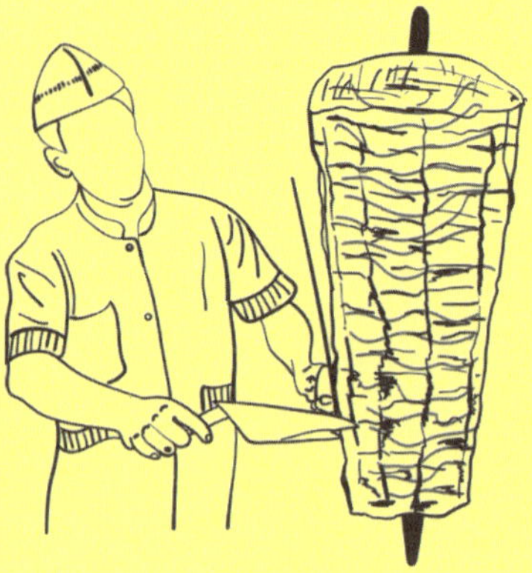

TOUR DU MONDE DES KEBABS !

Les signatures de Lüks kebab vous font voyager à travers le monde ! Choisissez votre destination...

Petit tour d'Europe...

FRANCE

LE CHÈVRE-MIEL
(p. 80)

KEBAB RACLETTE
(p. 83)

ALLEMAGNE

LE DÖNER
(p. 59)

ITALIE

KEBAB TARTUFO
(p. 72)

PISTACCHIO KEBAB
(p. 76)

KEBAB BURRATA
(p. 79)

... et du reste du monde !

CANADA

ASSIETTE « QUÉBAB »
(p. 68)

ANGLETERRE

KEBAB BACON À L'ANGLAISE
(p. 67)

ALGÉRIE

L'ALGERIAN KEBAB
(p. 64)

VIÊTNAM

KEBAB BÁNH MÌ VIETNAMIEN (p. 71)

Les recettes de Base

VIANDE À KEBAB,
Broche de veau et de dinde

POUR **10 PERSONNES**
PRÉPARATION : **45 MIN**
MARINADE : **24 H**
CUISSON : **30 À 45 MIN**

- 1,5 kg de poitrine de veau désossée
- 1,5 kg de hauts de cuisses de dinde
- 500 g de yaourt turc (ou grec)
- 100 g de purée de poivrons doux
- 18 cl d'huile d'olive
- 6 cl de jus de citron
- 15 g de pulpe d'ail
- 80 g de pulpe d'oignon
- 10 g de paprika doux
- 5 g de cumin
- 5 g de *pul biber* (piment rouge turc en poudre)
- 3 g de romarin
- 10 g de thym
- 10 g de feuilles de coriandre séchées
- 5 g de persil haché finement
- 10 g de sel
- 5 g de poivre

MARINADE

1. Dans un saladier, mélangez les ingrédients de la marinade : le yaourt, la purée de poivrons, l'huile d'olive, le jus de citron, la pulpe d'ail et d'oignon, les épices, les herbes, le sel et le poivre. Versez la moitié de la marinade dans un second saladier.
2. Coupez les viandes en tranches longues et fines (2 cm environ). Si elles sont trop épaisses, placez les tranches sous un film alimentaire et tapez dessus à l'aide d'un rouleau afin de bien les aplatir.
3. Placez ensuite chaque viande dans un saladier : un avec le veau mariné et l'autre avec la dinde marinée. Mélangez pour enrober la viande de marinade.
4. Placez au frais pour 24 h afin que la marinade parfume bien.

MONTAGE

5. Sur une broche à kebab, un tournebroche ou une pique à brochette avec un oignon coupé en deux au fond afin de tenir la broche, enfilez les morceaux de viande marinés un par un, en les croisant. Commencez par un morceau de dinde, puis un de veau, placé perpendiculairement et ainsi de suite jusqu'à obtenir une belle broche.
6. Récupérez le reste de marinade dans les saladiers et étalez-le sur la broche en une couche uniforme. Coupez légèrement les morceaux de viande qui dépassent afin d'avoir une belle forme ovale.

CUISSON

7. Préchauffez le four à 200 °C, puis enfournez la broche pour 30 à 45 min. Si vous utilisez une pique à brochette, placez-la sur la plaque du four et retournez-la à mi-cuisson.
8. Dès que l'extérieur est cuit, coupez des lamelles de viande, puis remettez la broche au four. Continuez ainsi jusqu'à la fin de la broche car le cœur cuit plus lentement que l'extérieur.

- **Pour bien mariner, vous pouvez aussi mettre la viande dans un sac sous vide avant de verser la marinade dessus et de malaxer pour la répartir.**
- **Si vous n'avez pas le temps de faire mariner la viande 24 h, comptez 4 h minimum.**
- **Vous pouvez demander à votre boucher de préparer des brochettes de veau et dinde. Badigeonnez-les de marinade avant de suivre le déroulé de cuisson. Surveillez-les bien : selon leur taille la cuisson pourra être plus rapide !**

PAINS À KEBAB
maison

POUR **2 PAINS**
PRÉPARATION : **20 MIN**
REPOS : **1 H 20**
CUISSON : **15 - 20 MIN**

POUR LA PÂTE À PAIN

- 25 cl de lait tiède
- 15 cl d'eau tiède
- 30 g de levure de boulanger fraîche
- 1 c. à soupe de sucre en poudre
- 2 c. à soupe d'huile neutre
- 80 g de farine

POUR LA DORURE

- 2 jaunes d'œufs
- 1 yaourt nature
- 1 c. à soupe d'huile
- Graines de sésame noires et blanches (facultatif)

1. Dans le bol d'un robot, versez le lait et l'eau tièdes. Diluez-y la levure fraîche, puis ajoutez le sucre et l'huile. Attendez quelques minutes que la lavure s'active.
2. Ajoutez 450 g de farine, ainsi que 1 c. à café sel et mélangez. Incorporez le reste de farine petit à petit en mélangeant, puis pétrissez la pâte quelques minutes. La pâte est prête lorsqu'elle ne colle plus au bol. Couvrez et laissez reposer 1 h pour que la pâte lève.
3. Dégazez la pâte sans trop la travailler. Séparez-la en deux parts que vous déposez au centre d'une feuille de papier sulfurisé, puis étalez chaque pâton à la main de manière à former un cercle de 0,5 cm d'épaisseur.
4. Préchauffer le four à 180 °C. Laissez les pains reposer 20 min environ, puis badigeonnez-les d'un mélange de jaunes d'œufs, de yaourt et d'huile. Parsemez éventuellement des graines de sésame.
5. Enfournez les pains pour 15 à 20 min. Coupez ensuite les pains en quatre pour obtenir vos pains individuels.

Afin de préparer la découpe, à l'étape 3, vous pouvez tracer une croix au centre du pain, du bout des doigts préalablement humidifiés, afin de séparer plus facilement le pain en parts après cuisson.

GALETTES *dürüm*

POUR **4 GALETTES *DÜRÜM***
PRÉPARATION : **20 MIN**
REPOS : **1 H 30**
CUISSON : **3 À 4 MIN PAR GALETTE**

* 300 g de farine
* 1 c. à café de sucre en poudre
* 15 à 20 cl d'eau
* 1 c. à soupe d'huile d'olive
* 1 œuf

1. Versez la farine, 1 pincée de sel et le sucre dans un saladier, mélangez. Creusez un puit au centre et versez-y l'eau, puis l'huile. Rabattez les poudres sur les liquides et mélangez jusqu'à l'obtention d'une pâte assez homogène.
2. Ajoutez l'œuf et pétrissez le tout délicatement 10 min. Vous devez obtenir une pâte lisse et homogène.
3. Déposez cette pâte sur une assiette plate, couvrez d'un torchon et laissez reposer 1 h au réfrigérateur.
4. Divisez la pâte en quatre pâtons de taille identique. Laissez-les reposer 30 min environ à l'air libre en les recouvrant du torchon.
5. Étalez chaque boule de pâte sur le plan de travail légèrement fariné, afin d'obtenir des galettes les plus fines possibles.
6. Faites chauffer une grande poêle antiadhésive à feu vif. Quand la poêle est très chaude (ne mettez pas de matière grasse), déposez une galette et faites-la cuire 1 à 2 min de chaque côté.

GALETTES

pitas

POUR **5 GALETTES PITAS**
PRÉPARATION : **30 MIN**
REPOS : **1 H 30**
CUISSON : **10 MIN PAR PITA**

- ✱ 2 c. à café de levure de boulanger sèche
- ✱ 20 cl d'eau tiède
- ✱ 350 g de farine + 50 à 100 g pour le plan de travail
- ✱ 1 c. à café d'huile d'olive + 1 filet pour la poêle
- ✱ 5 g de sel

1. Versez la levure dans un peu d'eau tiède, mélangez et laissez fermenter 10 min environ.
2. Dans un saladier, verser les 350 g de farine et 2 c. à café de sel, mélangez. Ajoutez la levure, l'huile d'olive, puis l'eau tiède. Mélangez pour obtenir une pâte homogène. Saupoudrez le plan de travail de farine et déposez-y la pâte.
3. Pétrissez la pâte 5 à 7 min, jusqu'à ce qu'elle soit lisse et élastique. Ajoutez plus de farine si nécessaire afin que la pâte ne colle pas aux mains ou sur la surface de travail (attention à ne pas trop utiliser de farine).
4. Arrosez le fond d'un saladier d'huile d'olive et ajoutez 5 g de sel, déposez-y la pâte et enduisez-la d'huile. Couvrez de film alimentaire ou d'un torchon, puis laissez doubler de volume à température ambiante pendant 30 min, dans un endroit sec.
5. Dégazez la pâte et déposez-la sur le plan de travail légèrement fariné. Divisez la pâte en cinq pâtons égaux et aplatissez-les délicatement en disques épais. Saupoudrez les disques avec un peu de farine, puis couvrez-les d'un torchon et laissez reposer pendant 1 h.
6. À l'aide d'un rouleau à pâtisserie, étalez chaque disque en un cercle de 20 à 22 cm et 2 cm d'épaisseur, en utilisant de la farine si nécessaire pour qu'il ne colle pas. Si la pâte commence à se rétracter après l'avoir aplatie, laissez-la reposer quelques minutes avant de l'étaler à nouveau.
7. Faites chauffer une poêle à feu moyen-vif jusqu'à ce que quelques gouttes d'eau grésillent immédiatement au contact. Versez un peu d'huile dans la poêle et essuyez l'excédent.
8. Placez un pain pita sur la poêle et faites cuire 30 sec environ, ou jusqu'à ce que des bulles commencent à se former sur la surface.
9. Retournez le pain pita et laissez cuire 1 ou 2 min, retournez à nouveau et faites cuire encore 1 ou 2 min. Le pain devrait commencer à gonfler, continuez à le retourner fréquemment.
10. Déposez les pitas cuites dans un torchon propre et couvrez-les le temps de cuire les autres.

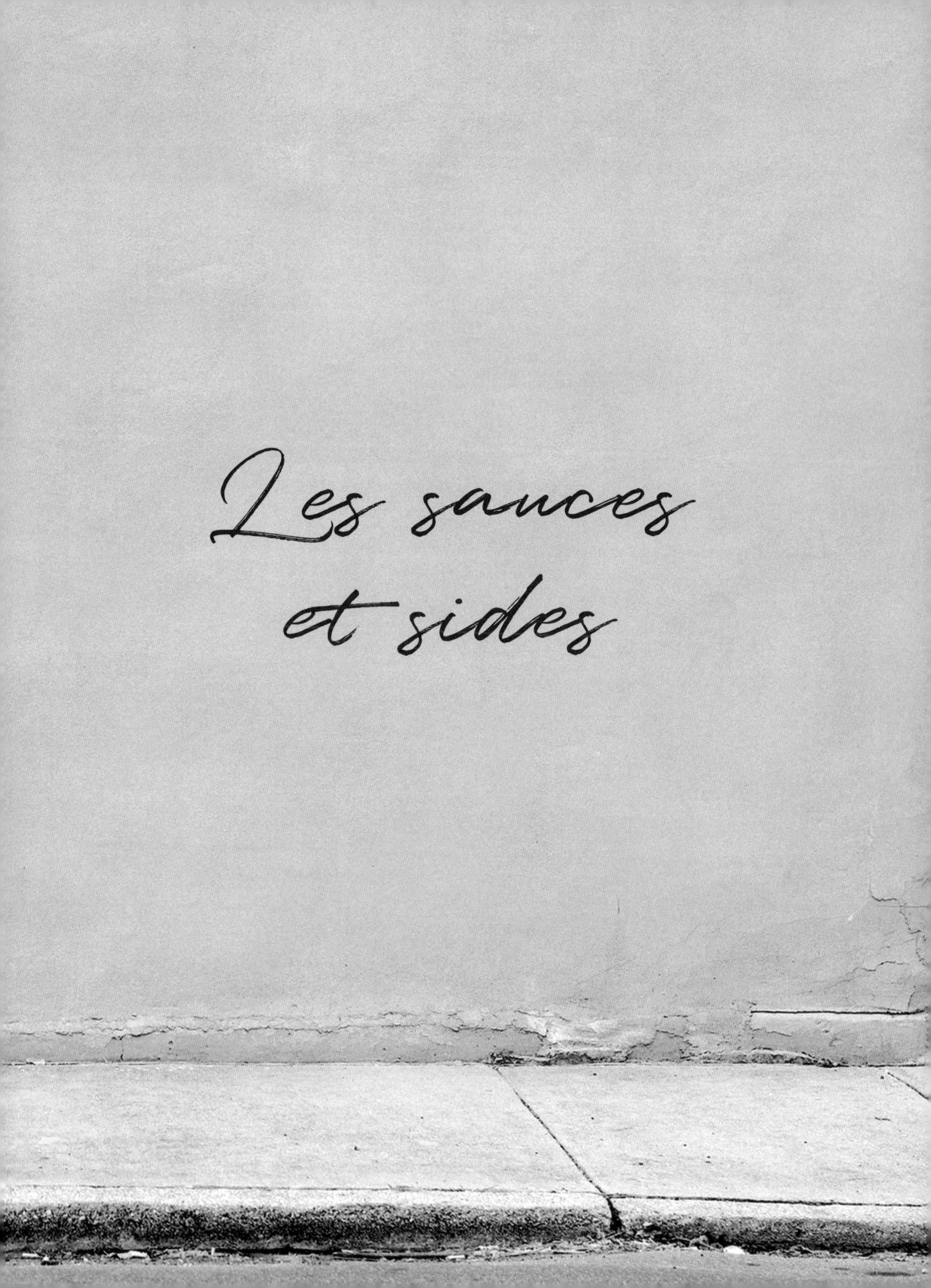
Les sauces
et sides

SAUCE BLANCHE

By Lüks

POUR **ENVIRON 30 CL**
PRÉPARATION : **15 MIN**

* 3,5 cl de mayonnaise by Lüks
* 35 g de concombre
* 250 g de yaourt grec
* 12 g de pâte d'ail noir
* 1 cl de jus de citron jaune
* Quelques feuilles de menthe séchées
* 1 pincée de cumin en poudre

1. Préparez la mayonnaise en suivant la recette de la page 33. Réservez 35 g de cette mayonnaise dans un grand saladier.
2. Épluchez et réduisez le concombre en purée à l'aide d'un mixeur.
3. Dans le saladier avec la mayonnaise, ajoutez la purée de concombre, le yaourt grec, la pâte d'ail noir et le jus de citron. Mélangez bien.
4. Ajoutez la menthe séchée et le cumin, puis mélangez de nouveau.

Utilisez le reste de mayonnaise Luks pour accompagner vos frites ou bâtonnets d'halloumis. Sinon conservez-la au réfrigérateur jusqu'à 3 jours.

MAYONNAISE

By Lüks

POUR **ENVIRON 40 CL**
PRÉPARATION : **10 MIN**

- 1 œuf
- 1 c. à café de vinaigre
- 1 c. à soupe de moutarde
- 35 cl d'huile neutre
- ½ à café de sel
- ½ à café de poivre

1. Dans un récipient, cassez l'œuf et ajoutez-y le vinaigre. Ajoutez la moutarde, le poivre et le sel.
2. Mélangez énergiquement au fouet puis, quand la préparation est homogène, laissez reposer 2 à 3 min.
3. Tout en mixant à l'aide d'un mixeur plongeant, versez l'huile en filet jusqu'à ce que la mayonnaise ait une bonne consistance. Elle doit rester assez épaisse pour être bien gourmande.

LES ASTUCES POUR RÉUSSIR SA MAYO À TOUS LES COUPS

- **Utilisez un petit récipient.**
- **Pour que la mayonnaise prenne, pensez à sortir tous les ingrédients quelques minutes avant de commencer la préparation afin qu'ils soient tous à une température équivalente.**
- **Pour rattraper la mayonnaise, si celle-ci a une texture trop liquide, ajoutez 1 œuf ou un peu de moutarde.**
- **Incorporez d'abord très peu d'huile et ajoutez-la en petits filets.**

SAUCHE BLANCHE
BY LÜKS

MAYONNAISE
BY LÜKS

PINK
mayonnaise

POUR **ENVIRON 30 CL**
PRÉPARATION : **2 MIN**

POUR LA MAYONNAISE

✱ 2 œufs
✱ 2 c. à café de vinaigre
✱ 2 c. à soupe de moutarde
✱ 50 cl d'huile neutre
✱ * 1 c. à café de sel
✱ * 1 c. à café de poivre

POUR LE JUS DE BETTERAVE

✱ 1 betterave rouge crue
✱ 2,5 cl d'eau
✱ 1 cl de jus de citron

1. Préparez la mayonnaise selon les proportions indiquées ici en suivant la recette page 33. Réservez au frais.
2. Préparez ensuite le jus de betterave. Lavez et pelez la betterave, puis placez-la dans un blender. Ajoutez l'eau et mixez jusqu'à l'obtention d'une texture bien épaisse, proche d'une purée.
3. Versez le tout dans un récipient en filtrant les gros morceaux à l'aide d'une passoire, pour garder uniquement le jus. Ajoutez le jus de citron et mélangez le tout.
4. Mélangez 250 g de mayonnaise et 25 g de jus de betterave obtenu dans un bol.

➪ **Vous pouvez également trouver du jus de betterave tout prêt dans le commerce.**

SAUCE *coréenne*

POUR **30 CL** | PRÉPARATION : **5 MIN**

- 20 cl de sauce épicée coréenne (*itaewon*)
- 50 g de sauce sésame japonaise
- 50 g de *chicken marinade* Lee Kum Kee®
- 5 g de gingembre haché

1. Dans un saladier, mélangez tous les ingrédients, jusqu'à obtenir une consistance homogène.

SAUCE CACIK, *tzatziki turc*

POUR **300 G** | PRÉPARATION : **5 MIN**

- 1 grand concombre (ou 2 petits)
- 250 g de yaourt turc
- 20 cl d'eau
- 2 ou 3 gousses d'ail
- 1 botte d'aneth
- 1 c. à café de menthe en poudre

1. Épluchez le concombre une pelure sur deux et râpez-le.
2. Mettez le yaourt dans un saladier avec l'eau et l'ail émincé, puis mélangez quelques minutes avec un fouet, jusqu'à obtenir une crème assez liquide.
3. Ajoutez-y le concombre, l'aneth, la menthe et 1 c. à. café de sel, puis mélangez quelques minutes.
4. Gardez le cacik au frais jusqu'à sa consommation.

Le cacik est parfait pour accompagner un plat chaud (surtout un plat de viande). On ajoute parfois un filet d'huile d'olive dessus avant de le servir.

SAUCE CHEDDAR

By Lüks

POUR **25 CL**
PRÉPARATION : **5 MIN**
CUISSON : **5 MIN**

* 100 g de cheddar
* 1 c. à café de beurre
* 12 cl de lait
* 1 c. à soupe de farine
* 1 pincée de paprika

1. Dans une casserole, faites fondre le beurre à feu doux.
2. Versez le lait, puis ajoutez la farine et mélangez afin d'obtenir une sorte de béchamel.
3. Toujours à feux doux, ajoutez le cheddar coupé en petits morceaux et laissez fondre en remuant avec une cuillère.
4. Ajoutez le paprika.

SAUCE CACIK,
TZATZIKI TURC

SAUCE CORÉENNE
SAUCE CHEDDAR
BY LÜKS

SAUCE VERTE
à la pistache

POUR **ENVIRON 45 CL**
PRÉPARATION : **15 MIN**

- 100 g de pesto de pistaches
- 300 g de labneh (fromage frais ou yaourt grec)
- 9 g de colorant liquide vert
- 9 g d'arôme de pistache
- 3 cl d'eau
- 5 g de sel

1. Dans un blender, placez le pesto de pistaches et mixez rapidement afin d'obtenir une texture bien lisse. Ajoutez le *labneh*, le colorant, l'arôme de pistache et l'eau.
2. Mixez afin que le mélange soit bien homogène. Salez par petites doses entre les mixages.
3. Vérifiez la densité et ajoutez un peu d'eau si nécessaire.

Pour une touche encore plus gourmande, ajoutez de la poudre de pistache sur votre sauce ! Mixez une poignée de pistaches au blender en veillant à ne pas remplir le bol : procédez avec des petits volumes pour obtenir un grain homogène.

SAUCE DZ
algérienne

POUR **ENVIRON 25 CL** | PRÉPARATION : **10 MIN**

POUR LA MAYONNAISE

* 2 œufs
* 2 c. à café de vinaigre
* 2 c. à soupe de moutarde
* 50 cl d'huile neutre
* 1 c. à café de de sel
* 1 c. à café de poivre

POUR LA DZ

* 1 petit oignon rouge
* 1 c. à café de concentré de tomates
* 1 c. à café de harissa
* ½ c. à café de cumin
* ½ c. à café de paprika doux
* 1 c. à café de sucre en poudre

1. Préparez la mayonnaise selon les proportions indiquées ici en suivant la recette page 33.
2. Hachez finement l'oignon.
3. Mélangez 200 g de mayonnaise avec le concentré de tomates et la harissa. Ajoutez les épices et le sucre et mélangez de nouveau jusqu'à obtenir une consistance homogène.

SAUCE SWEET SPICY

POUR **30 CL** | PRÉPARATION : **10 MIN**

* 50 g de sauce sriracha

POUR LA MAYONNAISE

* 1 œuf entier
* 1 c. à café de vinaigre
* 1 c. à soupe de moutarde de dijon
* 35 cl d'huile neutre

1. Préparez la mayonnaise selon les proportions indiquées ici en suivant la recette page 33.
2. Mélangez 15 cl de mayonnaise avec la sauce sriracha jusqu'à obtenir une texture bien homogène.

La sauce sriracha est très relevée. Si la sauce sweet spicy vous semble trop piquante, ajoutez un peu de mayonnaise pour l'adoucir. À l'inverse, n'hésitez pas à ajouter un peu de sriracha si vous souhaitez obtenir une sauce « hot spicy » !

SAUCE HARISSA

By Lüks

POUR **ENVIRON 25 CL**
PRÉPARATION : **15 MIN**
CUISSON : **10 À 15 MIN**

- 250 g de tomates grappes
- 1 ½ piment fort
- 1 ½ gousse d'ail
- ½ c. à café de cumin
- 1 c. à café de paprika fumé
- Quelques brins de coriandre
- 1 ½ c. à soupe d'huile d'olive
- Sel et poivre

1. Pelez et coupez les tomates en quatre, puis épépinez-les. Taillez-les ensuite grossièrement.
2. Déposez les piments sur une plaque de cuisson couverte de papier sulfurisé.
3. Faites-les rôtir 10 à 15 min à 180 °C. Éteignez lorsque la peau commence à bien dorer et gonfler. Sortez les piments du four et laissez-les refroidir à température ambiante.
4. Pelez les gousses d'ail, puis retirez le germe pour une meilleur digestion.
5. Une fois les piments refroidis, coupez la queue et retirez les graines, puis déposez-les dans un blender. Ajoutez les tomates, l'ail, les épices, la coriandre et l'huile d'olive. Salez, poivrez, puis mixez jusqu'à l'obtention d'une texture lisse.

SAUCE DZ
ALGÉRIENNE
SAUCE
SWEET SPICY

SAUCHE HARISSA
BY LÜKS

SAUCE *secrète*

POUR **30 CL ENVIRON**
PRÉPARATION : **10 MIN**
REPOS : **10 MIN**

- 60 g d'oignon jaune (environ ½ oignon)
- 12 cl de mayonnaise américaine
- 150 g de moutarde fine et forte
- 60 g de ketchup
- 1 c. à café de vinaigre blanc ou rouge
- 1 c. à café de sucre en poudre
- ½ c. à café paprika fumé
- 10 g de piment doux

1. Hachez finement l'oignon.
2. Mélangez ensuite tous les ingrédients dans un saladier. Salez, poivrez et placez au réfrigérateur 10 min.

Vous trouverez de la mayonnaise américaine en pot dans le commerce. Si vous souhaitez la préparer maison, vous pouvez suivre notre recette de mayonnaise page 33, et y ajouter 1 c. à soupe de de ketchup, quelques gouttes de Tabasco®, et le jus de ½ citron !

BÂTONNETS D'HALLOUMI
frits

POUR **2 PERSONNES**
PRÉPARATION : **15 MIN**
CUISSON : **5 MIN**

- 500 g de halloumi
- 300 g de farine
- 40 g de ras el-hanout
- 7 œufs
- Huile de friture

1. Coupez le bloc d'halloumi en bâtonnets. Mélangez la farine et le ras el-hanout dans un bol. Battez les œufs dans un autre.
2. Trempez les bâtonnets d'halloumi dans le mélange farine-épices, puis dans les œufs battus.
3. Plongez les bâtonnets panés dans une huile à 160 °C pendant 5 min environ, jusqu'à ce qu'ils soient bien dorés. Égouttez et dégustez !

FRITES
maison

POUR **2 PERSONNES**
PRÉPARATION : **15 MIN**
CUISSON : **15 À 20 MIN**
REPOS : **30 MIN**

* 300 g de pommes de terre Bintje
* Huile de friture

1. Coupez les pommes de terre en bâtonnets. Plongez-les dans de l'eau bien chaude légèrement salée et faites-les bouillir pendant 2 min. Égouttez-les soigneusement.
2. Faites une première cuisson : plongez les bâtonnets dans une huile à 150 °C pendant 10 à 15 min. Laissez égoutter le panier à frites, puis versez dans un récipient avec du papier essuie-tout au fond. Laissez reposer 30 min.
3. Faites une seconde cuisson : plongez les frites dans une huile entre 160 et 180 °C et laissez-les dorer entre 4 et 5 min. Égouttez le panier et salez les frites légèrement.

BÂTONNETS
D'HALLOUMI FRITS

FRITES MAISON

Les kebabs et Cie

LE TRADITIONNEL

POUR **2 KEBABS**
PRÉPARATION : **25 MIN**
CUISSON : **5 MIN**
REPOS : **24 H**

POUR LES BASES

- ✱ 2 pains à kebab (voir p. 24)
- ✱ 360 g de viande à kebab (voir p. 20)
- ✱ 6 cl de sauce blanche (voir p. 32)

POUR LES PICKLES D'OIGNON ROUGE ET DE CHOU ROUGE

- ✱ 1 oignon rouge
- ✱ 50 g de chou rouge
- ✱ 24 cl de vinaigre
- ✱ 36 cl d'eau
- ✱ 60 g de sucre en poudre
- ✱ 30 g de sel
- ✱ 2 branches de thym
- ✱ 2 feuilles de laurier
- ✱ 30 g de poivre moulu

POUR LA GARNITURE

- ✱ 6 tomates cerises (facultatif)
- ✱ 90 g de salade (batavia ou autre)
- ✱ 60 g de *beyaz peynir* (feta turque)

PICKLES D'OIGNON ROUGE ET DE CHOU ROUGE

1. La veille, dans une casserole, mélangez le vinaigre, l'eau, le sucre et le sel.
2. Ajoutez le thym, le laurier et le poivre moulu. Portez la préparation à ébullition, puis stoppez la cuisson.
3. Épluchez l'oignon et coupez-le en fines lanières bien longues, émincez le chou rouge en très fines lamelles. Versez la marinade chaude sur l'oignon et le chou, puis réservez au frais pour 24 h.

ASSEMBLAGE

4. Le jour même, ouvrez les pains préalablement coupés en deux, et étalez la sauce blanche sur les deux faces.
5. Ajoutez dans le fond et sur le devant des pains la salade, de manière à ce qu'elle dépasse légèrement. Déposez éventuellement les tomates cerises coupées en deux.
6. Répartissez la viande à kebab dessus, puis le chou rouge et 25 g de pickles d'oignon rouge par pain.
7. Parsemez le tout avec de la beyaz peynir émiettée et éventuellement d'un filet de sauce blanche avant de déguster.

➘ **Les pickles doivent mariner idéalement 24 h mais, si vous ne les avez pas préparés la veille, vous pouvez les faire mariner 4 h minimum avant de servir.**

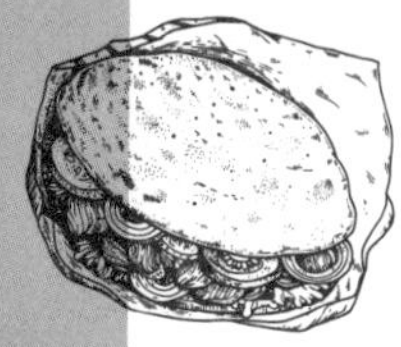

LE DÖNER *Berlinois*

POUR **2 KEBABS**
PRÉPARATION : **25 MIN**
CUISSON : **5 MIN**
REPOS : **24 H**

POUR LES BASES

- 2 pains à kebab (voir p. 24)
- 360 g de viande à kebab (voir p. 20)
- 4 cl de sauce blanche (voir p. 32)
- 3 cl de sauce harissa (voir p. 45)

POUR LES PICKLES D'OIGNON ROUGE

- 1 oignon rouge
- 12 cl de vinaigre
- 18 cl d'eau
- 30 g de sucre en poudre
- 15 g de sel
- 1 branche de thym
- 1 feuille de laurier
- 15 g de poivre moulu

POUR LA GARNITURE

- 90 g de salade(batavia ou autre)
- 3 tomates grappes (ou 6 tomates cerises)

PICKLES D'OIGNON ROUGE

1. La veille, dans une casserole, mélangez le vinaigre, l'eau, le sucre et le sel.
2. Ajoutez le thym, le laurier et le poivre moulu. Portez la préparation à ébullition, puis stoppez la cuisson.
3. Épluchez l'oignon et coupez-le en fines lanières bien longues. Versez la marinade chaude sur l'oignon, puis réservez au frais pour 24 h.

ASSEMBLAGE

4. Le jour même, ouvrez les pains préalablement coupés en deux, et étalez sur la moitié haute la sauce blanche et sur la moitié basse la sauce harissa.
5. Ajoutez sur le fond et sur le devant des pains la salade émincée, de manière à ce qu'elle dépasse légèrement. Déposez dessus 4 ou 5 fines rondelles de tomates par kebab, puis 25 g de pickles d'oignon rouge.
6. Répartissez la viande à kebab dessus, remettez à nouveau 2 ou 3 rondelles de tomates et 10 g de pickles d'oignon rouge par pain. Dégustez !

Vous pouvez ajouter quelques traits de sauce blanche pour davantage de goût et un joli visuel.

Les pickles doivent mariner idéalement 24 h mais, si vous ne les avez pas préparés la veille, vous pouvez les faire mariner 4 h minimum avant de servir.

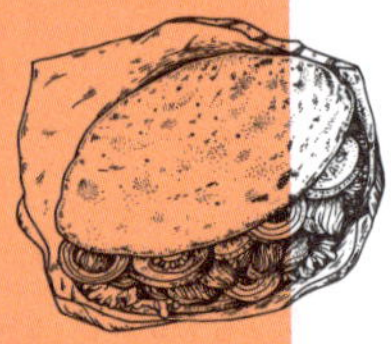

L'ORIGINAL
kebab

POUR **2 KEBABS**
PRÉPARATION : **25 MIN**
CUISSON : **30 MIN**

POUR LES BASES

* 2 galettes pitas (voir p. 28)
* 360 g de viande à kebab (voir p. 20)
* 6 cl de sauce secrète (voir p. 48)
* 7 cl de sauce cheddar (voir p. 39)

POUR LES OIGNONS CARAMÉLISÉS

* 2 oignons blancs
* 1 c. à soupe d'huile d'olive
* 4 c. à soupe de miel
* 2 c. à soupe de vinaigre de riz
* 1 c. à soupe de sucre en poudre

POUR LA GARNITURE

* 100 g de salade batavia
* 40 g de maïs

OIGNONS CARAMÉLISÉS

1. Coupez les oignons en fines lamelles.
2. Faites chauffer à feu doux l'huile d'olive dans une sauteuse, ajoutez les oignons et salez. Mélangez fréquemment les oignons 10 min environ, jusqu'à ce qu'ils deviennent translucides.
3. À ce stade, ajoutez le miel, le vinaigre et le sucre, puis couvrez et faites cuire à feu doux pendant 20 min en remuant régulièrement jusqu'à ce que les oignons soient caramélisés.

ASSEMBLAGE

4. Étalez la sauce secrète sur chaque pita. Disposez une bande de salade au milieu des pitas, de gauche à droite, puis parsemez de 10 g de maïs et de 20 g d'oignons caramélisés sur chaque pain.
5. Versez un peu de sauce cheddar sur la bande de garniture, puis ajoutez la viande avant de refermer les galettes. Parsemez du maïs restant de sauce cheddar, puis dégustez !

CUBA

L'ALGERIAN *kebab*

POUR **2 KEBABS**
PRÉPARATION : **45 MIN**
CUISSON : **1 H 30 MIN**
REPOS : **30 MIN**

LES BASES

* 2 pains à kebab (voir p. 24)
* 300 g de viande à kebab (voir p. 20)
* 4 cl de sauce DZ algérienne (voir p. 44)

POUR LE FELFEL

* 500 g de poivrons verts et rouges
* 1 c. à café de purée de poivrons
* 5 cl d'huile d'olive
* 1 gousse d'ail

POUR LES CAROTTES À LA CHARMOULA

* 250 g de carottes en rondelles
* 20 cl d'huile d'olive
* ½ c. à soupe de purée de poivrons
* 1 gousse d'ail
* 1 cl de jus de citron (facultatif)
* 40 g de persil

POUR LES OIGNONS CARAMÉLISÉS

* 2 oignons blancs
* 1 c. à soupe d'huile d'olive
* 4 c. à soupe de miel
* 2 c. à soupe de vinaigre de riz
* 1 c. à soupe de sucre en poudre

POUR LA GARNITURE

* 10 petits bâtonnets de concombre
* ½ citron
* 6 tomates cerises jaunes demi-sèches
* 3 tomates cerises rouges demi-sèches
* 4 olives noires à l'algérienne (ou à la grecque) dénoyautées
* Quelques brins de coriandre

FELFEL

1. Faites griller les poivrons, puis placez-les directement dans des sachets plastique et fermez. Laissez refroidir, puis enlevez la peau et les graines. Hachez les poivrons en petits dés.
2. Diluez la purée de poivrons dans l'huile d'olive, puis faites revenir dans une sauteuse.
3. Ajoutez les poivrons et l'ail haché finement. Salez et laissez mijoter 20 min.

CAROTTES À LA CHARMOULA

4. Faites cuire les carottes dans de l'eau salée pendant 25 à 30 min, puis égouttez-les en conservant un peu d'eau de cuisson.
5. Dans la casserole rincée, replacez les carottes avec l'huile d'olive. Diluez la purée de poivrons dans l'eau de cuisson réservée et versez sur les carottes.
6. Ajoutez l'ail haché, salez, poivrez et éventuellement ajoutez le jus de citron. Laissez cuire 10 min à feu doux, puis ajoutez le persil haché très finement et laissez mijoter 5 min supplémentaires.

OIGNONS CARAMÉLISÉS

7. Faites chauffer l'huile d'olive dans une sauteuse, ajoutez les oignons émincés et salez.
8. Ajoutez le miel, le vinaigre et le sucre, puis laissez caraméliser 20 min à feu doux en remuant régulièrement.

ASSEMBLAGE

9. Arrosez les bâtonnets de concombre de citron. Laissez reposer 30 min avant utilisation.
10. Ouvrez les pains préalablement coupés en deux, et étalez la sauce DZ sur une face, et 40 g de felfel par pain sur l'autre.
11. Au fond de chaque sandwich, répartissez quelques petits morceaux de carottes et 1 c. à café d'oignons caramélisés.
12. Ajoutez la viande, puis à nouveau quelques morceaux de carottes. Ajoutez les tomates, les olives coupées en deux et le concombre. Terminez par un peu de coriandre ciselée.

- Pour donner plus de couleur et de saveur à votre pain, vous pouvez ajouter un peu de safran dans la pâte à pain ainsi que quelques graines de nigelle.
- Cette recette a été réalisée avec la cheffe Shérazade Laoudedj, ambassadrice de la cuisine algérienne !

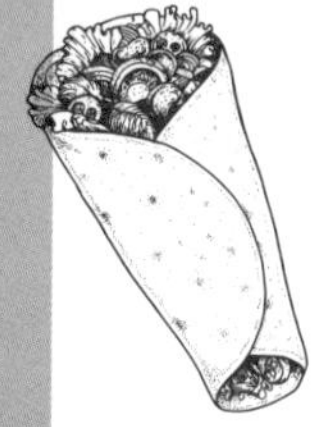

KEBAB BACON *à l'anglaise*

POUR **2 KEBABS**
PRÉPARATION : **25 MIN**
CUISSON : **10 MIN**

POUR LES BASES

* 2 pains à kebab (voir p. 24)
* 240 g de viande à kebab (voir p. 20)
* 4 cl de sauce secrète (voir p. 48)
* 6 cl de sauce cheddar (voir p. 39)

POUR LES ŒUFS BROUILLÉS

* 4 œufs
* 40 g de beurre

POUR LA GARNITURE

* 6 tranches de bacon de veau
* 1 tomate
* Quelques brins de ciboulette

ŒUFS BROUILLÉS

1. Battez les œufs dans un bol avec un peu de sel.
2. Faites fondre le beurre dans une poêle à feu doux, puis versez les œufs battus. À l'aide d'une cuillère en bois, mélangez jusqu'à ce que les œufs ne soient plus liquides, mais encore fondants.

ASSEMBLAGE

3. Faites dorer le bacon de veau à la poêle et coupez la tomate en tranches.
4. Ouvrez les pains préalablement coupés en deux, et étalez la sauce secrète sur les deux faces. Garnissez la longueur de chaque kebab avec 3 ou 4 tranches de tomate.
5. Ajoutez la viande à kebab, la sauce cheddar au centre, le bacon grillé, puis les œufs brouillés. Parsemez de ciboulette ciselée et dégustez !

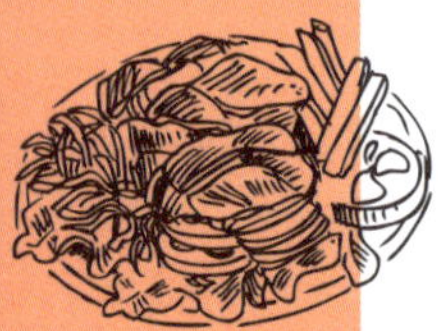

ASSIETTE « QUÉBAB » POUTINE

POUR **2 ASSIETTES**
PRÉPARATION : **25 MIN**
CUISSON : **10 MIN**
REPOS : **24 H**

POUR LES BASES

- ✱ 280 g de viande à kebab (voir p. 20)
- ✱ 100 g de frites (voir p. 51)

POUR LES PICKLES D'OIGNON ROUGE

- ✱ 1 gros oignon rouge
- ✱ 12 cl de vinaigre
- ✱ 18 cl d'eau
- ✱ 30 g de sucre en poudre
- ✱ 15 g de sel
- ✱ 1 branche de thym
- ✱ 1 feuille de laurier
- ✱ 15 g de poivre moulu

POUR LA GARNITURE

- ✱ 90 g de fromage à poutine en grains
- ✱ 60 cl de sauce brune (sauce spéciale poutine)
- ✱ Quelques graines de grenade
- ✱ 1 cébette

PICKLES D'OIGNON ROUGE

1. La veille, dans une casserole, mélangez le vinaigre, l'eau, le sucre et le sel.
2. Ajoutez le thym, le laurier et le poivre moulu. Portez la préparation à ébullition, puis stoppez la cuisson.
3. Épluchez l'oignon et coupez-le en fines lamelles. Versez la marinade chaude sur l'oignon, puis réservez au frais pour 24 h.

ASSEMBLAGE

4. Le jour même, placez les frites au fond de deux assiettes et répartissez dessus les grains de fromage à poutine coupés en deux.
5. Faites chauffer la sauce brune et versez-la sur les frites et le fromage.
6. Ajoutez la viande à kebab par-dessus, puis disposez les pickles d'oignon rouge (environ 50 g par assiette).
7. Saupoudrez des graines de grenade, puis de cébette ciselée.

Les pickles doivent mariner idéalement 24 h mais, si vous ne les avez pas préparés la veille, vous pouvez les faire mariner 4 h minimum avant de servir.

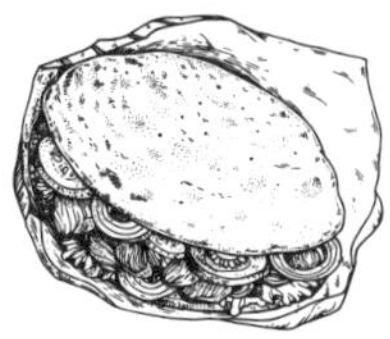

KEBAB BÀNH MÌ

Vietnamien

POUR **2 KEBABS**
PRÉPARATION : **45 MIN**
CUISSON : **5 MIN**
REPOS : **40 MIN**

POUR LES BASES

- 2 pains à kebab (voir p. 24)
- 160 g de viande à kebab (voir p. 20, facultatif)
- 5 cl de sauce sweet spicy (voir p. 44)

POUR LES CAROTTES RÂPÉES

- 50 g de carottes râpées
- 5 g de vinaigre d'alcool blanc ou de vinaigre de riz
- 2 g de sucre en poudre

POUR LE POULET FRIT

- 2 filets de poulet
- 1 poignée de corn flakes
- 250 g de farine
- 1 c. à soupe de paprika doux ou fumé
- 2 œufs
- Huile de friture

POUR LA MARINADE CORÉENNE

- 150 g de gochujang (pâte de piment coréenne)
- 1 c. à soupe d'huile d'olive
- 10 g d'ail écrasé
- 300 g de ketchup
- 15 cl d'eau
- 4 cl d'huile de sésame
- 3,5 cl de sauce poisson
- 3,5 cl de sauce soja

POUR LA GARNITURE

- 100 g de salade batavia
- 10 bâtonnets de concombre
- Graines de sésame noir et blanc
- Quelques feuilles de coriandre

CAROTTES RÂPÉES

1. Faites tremper les carottes râpées 30 min dans un saladier d'eau salée.
2. Égouttez-les et essorez-les, puis mélangez-les avec le vinaigre et le sucre.

POULET FRIT

3. Mixez les corn flakes et placez-les dans un bol. Mélangez la farine, le paprika et un peu de sel dans un deuxième bol. Dans un troisième, battez les œufs.
4. Coupez les filets de poulet en 8 morceaux de 4 cm environ, puis trempez-les successivement dans la farine, les œufs et les corn flakes.
5. Faites frire le poulet pané dans une huile à 180 °C pendant 5 min, jusqu'à ce qu'il soit bien doré.

MARINADE CORÉENNE

6. Mélangez tous les ingrédients de la marinade.
7. Dans un saladier, placez les boulettes de poulet, arrosez de marinade coréenne et laissez reposer 10 min.

ASSEMBLAGE

8. Ouvrez les pains préalablement coupés en deux, et étalez la sauce sweet spicy sur les deux faces. Garnissez la longueur avec la salade, les bâtonnets de concombre (laissez-les dépasser un peu du pain), les carottes râpées et éventuellement la viande à kebab.
9. Ajoutez les morceaux de poulet, parsemez de sésame noir et blanc, et de coriandre ciselée.

Les boulettes de poulet frites peuvent également être achetées déjà prêtes dans le commerce.

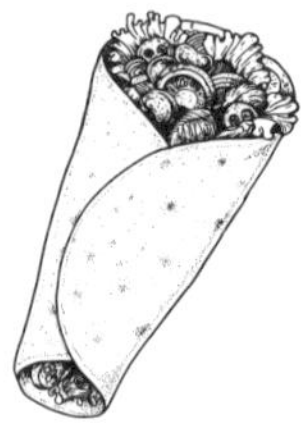

KEBAB TARTUFO
en pain

POUR **2 KEBABS**
PRÉPARATION : **15 MIN**

POUR LES BASES

* 2 pains à kebab (voir p. 24)
* 360 g de viande à kebab (voir p. 20)
* 4 cl de sauce blanche (voir p. 32)

POUR LA GARNITURE

* 90 g de roquette
* 120 g de stracciatella di bufala
* 8 ou 10 copeaux de truffe noire
* 8 feuilles de basilic
* Huile d'olive à la truffe

1. Ouvrez les pains préalablement coupés en deux et étalez la sauce blanche sur les deux faces. Garnissez la longueur de roquette, puis de viande.
2. Ajoutez la stracciatella au centre, puis répartissez les morceaux de truffe et le basilic.
3. Saupoudrez la stracciatella de poivre concassé et arrosez le tout d'un filet d'huile d'olive à la truffe.

ASSIETTE
kebab tartufo

POUR **2 ASSIETTES**
PRÉPARATION : **15 MIN**
CUISSON : **30 MIN**

POUR LES BASES

- ✱ 360 g de viande à kebab (voir p. 20)
- ✱ 4 cl de sauce blanche (voir p. 32)

POUR LE BOULGOUR PILAV

- ✱ 160 g de boulgour
- ✱ ½ oignon
- ✱ 1 gousse d'ail
- ✱ ½ poivron
- ✱ 1 noix de beurre
- ✱ 160 g de chair de tomates en conserve
- ✱ 2 c. à soupe de concentré de tomates
- ✱ 20 cl d'eau bouillante

POUR LA GARNITURE

- ✱ 120 g de stracciatella di bufala
- ✱ 10 copeaux de truffe noire
- ✱ 8 feuilles de basilic
- ✱ Huile d'olive à la truffe (ou classique)

BOULGOUR PILAV

1. Dans une casserole ou sauteuse, faites revenir l'oignon, l'ail et le poivron préalablement hachés dans le beurre. Ajoutez la chair et le concentré de tomates, mélangez et laissez cuire 2 ou 3 min.
2. Ajoutez le boulgour et salez généreusement. Versez l'eau bouillante, mélangez et laissez cuire sur feu doux à couvert pendant 25 min.
3. Lorsque le boulgour a absorbé toute l'eau, couvrez-le d'un torchon afin de retirer le reste de l'humidité.

ASSEMBLAGE

4. Répartissez le boulgour dans deux assiettes et disposez la viande dessus.
5. Placez la stracciatella au centre, parsemez des morceaux de truffe, de poivre concassé et du basilic. Arrosez d'un filet d'huile d'olive à la truffe.

KEBAB TARTUFO

ASSIETTE KEBAB TARTUFO

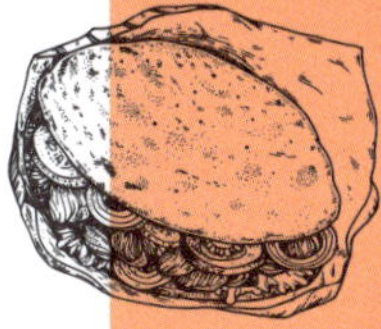

KEBAB
Burrata

POUR **2 KEBABS**
PRÉPARATION : **15 MIN**

POUR LES BASES

- 2 pains à kebab (voir p. 24)
- 360 g de viande à kebab (voir p. 20)
- 5 cl de sauce secrète (voir p. 48)

POUR LA GARNITURE

- 90 g de salade batavia
- 1 burrata di bufala
- 8 tomates cerises rouges demi-sèches
- 8 tomates cerises jaunes demi-sèches
- Huile d'olive

1. Ouvrez les pains préalablement coupés en deux et étalez la sauce secrète sur les deux faces. Garnissez la longueur de salade, puis de viande.
2. Coupez la burrata en deux et placez chaque moitié au centre d'un sandwich, côté bombé vers l'extérieur.
3. Ajoutez les tomates cerises autour, arrosez d'un filet d'huile d'olive et dégustez !

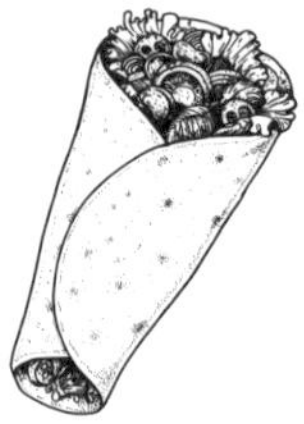

KEBAB *pistacchio*

POUR **2 KEBABS**
PRÉPARATION : **35 MIN**
CUISSON : **10 MIN**
REPOS : **24 H**

POUR LES BASES

* 2 pains à kebab (voir p. 24)
* 360 g de viande à kebab (voir p. 20)
* 10 cl de sauce verte à la pistache (voir p. 43)
* 3 cl de sauce secrète (voir p. 48)

POUR LES PICKLES D'OIGNON ROUGE

* 1 oignon rouge
* 12 cl de vinaigre
* 18 cl d'eau
* 30 g de sucre en poudre
* 15 g de sel
* 1 branche de thym
* 1 feuille de laurier
* 15 g de poivre moulu

POUR LES PICKLES DE COURGETTE JAUNE

* 1 courgette jaune
* 16 cl de vinaigre
* 25 cl d'eau
* 40 g de sucre en poudre
* 20 g de sel
* 1 branche de thym
* 1 feuille de laurier
* 20 g de poivre moulu

POUR LA GARNITURE

* 90 g de salade batavia
* 8 bâtonnets de concombre
* 100 g de stracciatella di buffala
* 2 c. à café de pistaches décortiquées

PICKLES D'OIGNON ROUGE

1. La veille, dans une casserole, mélangez le vinaigre, l'eau, le sucre et le sel.
2. Ajoutez le thym, le laurier et le poivre moulu. Portez la préparation à ébullition, puis stoppez la cuisson.
3. Épluchez l'oignon et coupez-le en macédoine. Versez la marinade chaude sur l'oignon, puis réservez au frais pour 24 h.

PICKLES DE COURGETTE JAUNE

4. Dans une casserole, mélangez le vinaigre, l'eau, le sucre et le sel.
5. Ajoutez le thym, le laurier et le poivre moulu. Portez la préparation à ébullition, puis stoppez la cuisson.
6. Coupez la courgette en macédoine, versez la préparation chaude sur la courgette, puis réservez au frais pour 24 h.

ASSEMBLAGE

7. Le jour même, ouvrez les pains préalablement coupés en deux, et étalez la moitié de la sauce verte sur la partie haute et la sauce secrète sur la partie basse. Garnissez la longueur avec la salade, les bâtonnets de concombre (laissez-les dépasser un peu du pain) et la viande.
8. Ajoutez la stracciatella au centre, et parsemez d'environ 30 g de pickles courgette jaune et autant d'oignon rouge par kebab.
9. Arrosez de la sauce pistache restante et parsemez le dessus du sandwich de pistaches hachées.

Les pickles doivent mariner idéalement 24 h mais, si vous ne les avez pas préparés la veille, vous pouvez les faire mariner 4 h minimum avant de servir.

Cette recette a été élaboré avec le chef cuisinier français Mathieu Scherrer !

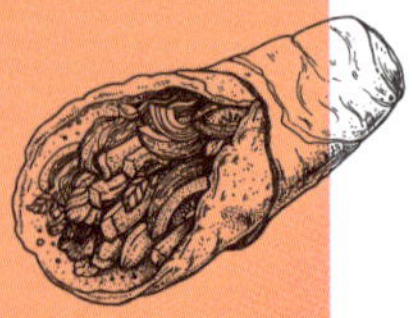

LE CHÈVRE-MIEL

POUR **2 KEBABS**
PRÉPARATION : **25 MIN**
CUISSON : **2 MIN 30**

POUR LES BASES

- 2 galettes pitas (voir p. 28)
- 360 g de viande à kebab (voir p. 20)
- 6 cl de sauce secrète (voir p. 48)

POUR LES LÉGUMES GRILLÉS

- ½ courgette
- 1 poivron jaune ou rouge
- Huile de friture
- 1 pincée de sumac

POUR LA GARNITURE

- 90 g de salade batavia
- 90 g de fromage de chèvre
- 2 c. à café de miel liquide

LÉGUMES GRILLÉS

1. Épluchez la courgette une bande sur deux et coupez-la en fines rondelles.
2. Coupez le poivron en lanières et recoupez-les en deux pour obtenir des petits morceaux.
3. Placez les légumes dans une friteuse à 160 °C pendant 2 min 30.
4. Égouttez, saupoudrez de sel et d'un peu de sumac, puis mélangez.

ASSEMBLAGE

5. Étalez la sauce secrète sur chaque pita. Disposez une bande de salade au milieu des pitas, de gauche à droite, puis ajoutez la viande sur la salade et 50 g de légumes grillés sur chaque pain.
6. Émiettez le chèvre et répartissez-le sur la garniture. Arrosez de miel et refermez les kebabs.

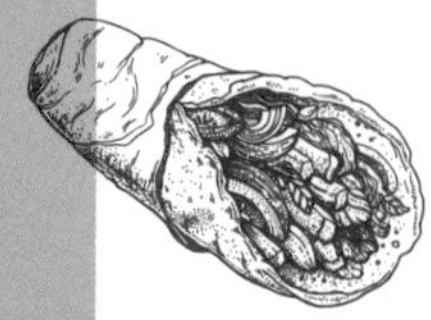

KEBAB *raclette*

POUR **2 KEBABS**
PRÉPARATION : **25 MIN**
CUISSON : **5 MIN**
REPOS : **24 H**

POUR LES BASES

✱ 2 galettes durum ou pitas (voir p. 27 ou 28)
✱ 360 g de viande à kebab (voir p. 20)
✱ 5 cl de sauce secrète (voir p. 48)

POUR LES PICKLES D'OIGNON ROUGE

✱ 1 petit oignon rouge
✱ 12 cl de vinaigre
✱ 18 cl d'eau
✱ 30 g de sucre en poudre
✱ 15 g de sel
✱ 1 branche de thym
✱ 1 feuille de laurier
✱ 15 g de poivre moulu

POUR LA GARNITURE

✱ 90 g de salade batavia
✱ 2 ou 4 tranches de dinde fumée ou de bacon de veau (facultatif)
✱ 4 tranches de fromage à raclette
✱ 8 tranches de gros cornichons aigre-doux

PICKLES D'OIGNON ROUGE

1. La veille, dans une casserole, mélangez le vinaigre, l'eau, le sucre et le sel.
2. Ajoutez le thym, le laurier et le poivre moulu. Portez la préparation à ébullition, puis stoppez la cuisson.
3. Épluchez l'oignon et coupez-le en fines lanières bien longues. Versez la marinade chaude sur l'oignon, puis réservez au frais pour 24 h.

ASSEMBLAGE

4. Le jour même, étalez la sauce secrète sur chaque pita. Disposez une bande de salade au milieu des pitas, puis ajoutez la viande sur la salade. Ajoutez éventuellement la dinde fumée ou le bacon sur le dessus.
5. Faites fondre le fromage et versez-le sur la viande. Répartissez des pickles d'oignon rouge (environ 25 g par galette), puis les tranches de cornichons.
6. Fermez les pitas et ajoutez si besoin un peu de pickles d'oignon rouge, de viande et de cornichons pour embellir les sandwichs.

Les pickles doivent mariner idéalement 24 h mais, si vous ne les avez pas préparés la veille, vous pouvez les faire mariner 4 h minimum avant de servir.

NOTORIOUS F.I.G.

POUR **2 KEBABS**
PRÉPARATION : **20 MIN**

POUR LES BASES

- ✱ 2 galettes pitas (voir p. 28)
- ✱ 360 g de viande à kebab (voir p. 20)
- ✱ 6 cl de sauce blanche (voir p. 32)

POUR LA GARNITURE

- ✱ 100 g de fourme d'Ambert
- ✱ 40 g de parmesan
- ✱ 3 figues fraîches
- ✱ 110 g de salade batavia
- ✱ 2 c. à soupe de confiture de figues
- ✱ 12 cerneaux de noix

1. Coupez la fourme d'Ambert en petits dés et mélangez-les au parmesan afin d'éviter que la fourme ne colle. Coupez les figues en quatre.
2. Étalez la sauce blanche sur chaque pita. Disposez une bande de salade au milieu des pitas, de gauche à droite, puis ajoutez la viande sur la salade et la confiture de figue.
3. Répartissez les dés de fourme dessus, ajoutez six quartiers de figues fraîches autour et parsemez toute la longueur du kebab de noix. Refermez et dégustez !

Cette recette se marie très bien en assiette chaude avec le boulgour pilav (voir p. 73), mais peut aussi être préparée en assiette froide avec du mesclun.

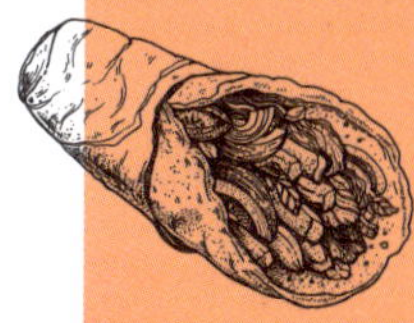

KEBAB

fuego

POUR **2 KEBABS**
PRÉPARATION : **25 MIN**
CUISSON : **5 MIN**
REPOS : **24 H**

POUR LES BASES

- 2 pains à kebab (voir p. 24)
- 360 g de viande à kebab (voir p. 20)
- 5 cl de sauce sweet spicy (voir p. 44)
- 8 à 10 cl de sauce cheddar (voir p. 39)

POUR LES PICKLES D'OIGNON ROUGE

- 1 oignon rouge
- 12 cl de vinaigre
- 18 cl d'eau
- 30 g de sucre en poudre
- 15 g de sel
- 1 branche de thym
- 1 feuille de laurier
- 15 g de poivre moulu

POUR LA GARNITURE

- 1 piment jalapenos en rondelles

PICKLES D'OIGNON ROUGE

1. La veille, dans une casserole, mélangez le vinaigre, l'eau, le sucre et le sel.
2. Ajoutez le thym, le laurier et le poivre moulu. Portez la préparation à ébullition, puis stoppez la cuisson.
3. Épluchez l'oignon et coupez-le en fines lanières bien longues. Versez la marinade chaude sur l'oignon, puis réservez au frais pour 24 h.

ASSEMBLAGE

4. Le jour même, ouvrez les pains préalablement coupés en deux, et étalez la sauce sweet spicy sur les deux faces. Garnissez la longueur avec 20 g de pickles d'oignon rouge par pain, puis couvrez de viande.
5. Arrosez de sauce cheddar et déposez 5 rondelles de piment dans chaque pain, sur la sauce.

Les pickles doivent mariner idéalement 24 h mais, si vous ne les avez pas préparés la veille, vous pouvez les faire mariner 4 h minimum avant de servir.

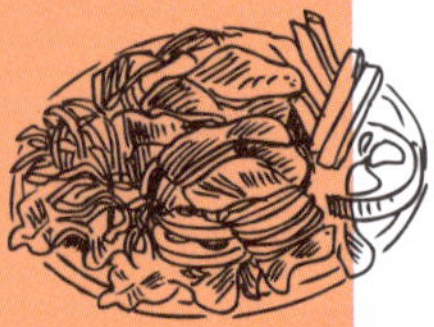

ASIETTE CHUNKS

Veggie

POUR **2 ASSIETTES**
PRÉPARATION : **20 MIN**
CUISSON : **5 À 10 MIN**

✱ 320 g de chunks originaux Heura®
✱ 1 filet d'huile de tournesol
✱ 170 g de mesclun
✱ 40 g de graines de grenade
✱ ½ concombre
✱ 12 demi-tomates cerises séchées
✱ 80 g de *beyaz peynir* (feta turque)
✱ Quelques feuilles de coriandre
✱ Vinaigrette

1. Faites cuire légèrement les chunks dans une poêle huilée pendant 5 à 10 min, pour qu'ils dorent.
2. Dans deux assiettes, répartissez le mesclun, puis disposez dans le quart haut des assiettes, les graines de grenade, un autre quart avec le concombre coupé en bâtonnets, un autre avec les tomates cerises, et le dernier avec les chunks.
3. Ajoutez la *beyaz peynir* au centre, parsemez les assiettes de coriandre ciselée et arrosez de vinaigrette.

KEBAB VEGGIE

falafels

POUR **2 KEBABS**
PRÉPARATION : **25 MIN**
CUISSON : **2 MIN 30**

POUR LES BASES

- ✻ 2 pains à kebab (voir p. 24)
- ✻ 5 cl de sauce blanche (voir p. 32)

POUR LES LÉGUMES GRILLÉS

- ✻ ½ courgette
- ✻ 1 poivron jaune
- ✻ Huile de friture
- ✻ 1 pincée de sumac

POUR LA GARNITURE

- ✻ 110 g de salade batavia
- ✻ 6 falafels plats à base de pois chiches
- ✻ 80 g de *beyaz peynir* (feta turque)

LÉGUMES GRILLÉS

1. Épluchez la courgette une bande sur deux et coupez-la en fines rondelles.
2. Coupez le poivron en lanières et recoupez-les en deux pour obtenir des petits morceaux.
3. Placez les légumes dans une friteuse à 160 °C pendant 2 min 30.
4. Égouttez, saupoudrez de sel et d'un peu de sumac, puis mélangez.

ASSEMBLAGE

5. Ouvrez les pains préalablement coupés en deux, et étalez la sauce blanche sur les deux faces. Garnissez le fond de chaque kebab avec 2 demi-falafels, un à droite et l'autre à gauche.
6. Ajoutez la salade au fond et devant, puis 4 demi-falafels répartis dans le pain.
7. Ajoutez environ 40 g de légumes grillés et 25 g de *beyaz peynir* dans chaque kebab. Refermez et dégustez !

ASSIETTE VEGGIE

falafels

POUR **2 ASSIETTES**
PRÉPARATION : **30 MIN**
CUISSON : **8 MIN**
REPOS : **24 H**

POUR LES BASES

- 170 g de mesclun
- 8 cl de pink mayonnaise (voir p. 36)

POUR LES PICKLES D'OIGNON JAUNE

- 1 oignon jaune
- 12 cl de vinaigre
- 18 cl d'eau
- 30 g de sucre en poudre
- 15 g de sel
- 1 branche de thym
- 1 feuille de laurier
- 15 g de poivre moulu

POUR LES COURGETTES GRILLÉES

- 1 courgette
- Huile de friture
- 1 pincée de sumac

POUR LA GARNITURE

- 6 falafels plats à base de pois chiches
- 40 g de chèvre frais

PICKLES D'OIGNON JAUNE

1. La veille, dans une casserole, mélangez le vinaigre, l'eau, le sucre et le sel.
2. Ajoutez le thym, le laurier et le poivre moulu. Portez la préparation à ébullition, puis stoppez la cuisson.
3. Épluchez l'oignon et coupez-le en fines lamelles. Versez la marinade chaude sur l'oignon, puis réservez au frais pour 24 h.

COURGETTES GRILLÉES

4. Le jour même, épluchez la courgette une bande sur deux et coupez-la en fines rondelles.
5. Placez-les dans une friteuse à 160 °C pendant 2 min 30. Égouttez, saupoudrez de sel et de sumac, puis mélangez.

ASSEMBLAGE

6. Répartissez le mesclun dans deux assiettes, disposez par-dessus des courgettes grillées et environ 30 g de pickles d'oignon jaune dans chacune.
7. Coupez les falafels en deux et ajoutez-les. Émiettez le chèvre sur les assiettes et arrosez de pink mayonnaise.

Les pickles doivent mariner idéalement 24 h mais, si vous ne les avez pas préparés la veille, vous pouvez les faire mariner 4 h minimum avant de servir.

KEBAB VEGGIE
FALAFELS

ASSIETTE VEGGIE FALAFELS

PIDE
trois fromages

POUR **6 À 8 PIDES**
PRÉPARATION : **30 MIN**
CUISSON : **15 À 20 MIN**
REPOS : **1 H**

POUR LA PÂTE À PIDE

- 500 g de farine
- 1 c. à soupe de sucre de poudre
- 1 sachet de levure de boulanger sèche
- 15 cl d'eau tiède
- 10 cl de lait tiède
- 2 jaunes d'œufs

POUR LA GARNITURE

- 250 g de *kasar peyniri* (ou de mozzarella)
- 100 g d'halloumi
- 100 g de *beyaz peynir* (feta turque)

PÂTE À PIDE

1. Dans un bol à pétrin, versez la farine, 1 c. à café de sel sur le côté droit, et le sucre et la levure boulanger sur le côté gauche du bol.
2. Ajoutez l'eau et le lait, puis pétrissez l'ensemble jusqu'à obtenir une boule qui se détache de la paroi.
3. Couvrez et laissez lever 1 h environ à l'abri des courants d'air.
4. Lorsque la pâte à bien levé, dégazez-la en la travaillant et divisez-la en petites boules de taille identique (environ 80 g).
5. Farinez légèrement le plan de travail et façonnez les pides en leur donnant une forme ovale.

GARNITURE

6. Déposez au centre de chaque pide le *kasar peyniri*, puis parsemez d'halloumi et de *beyaz peynir* en morceaux.
7. Repliez les bords vers l'intérieur, sur les fromages, en conservant la forme ovale, comme une sorte de barque. Déposez les pides sur une plaque de cuisson recouverte de papier sulfurisé.
8. Préchauffez le four à 200° C. Badigeonnez les bords des pides avec du jaune d'œuf, puis enfournez les pides 15 à 20 min, jusqu'à ce qu'elles soient bien dorées.

Pour plus de gourmandise, vous pouvez ajouter du *soudjouk* (saucisson turc) sur la pide trois fromages avant cuisson.

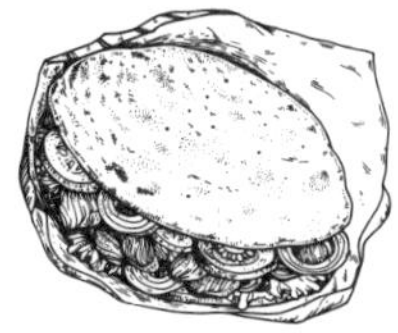

PIDE KEBAB
chèvre-miel

POUR **6 À 8 PIDES**
PRÉPARATION : **30 MIN**
CUISSON : **15 À 20 MIN**
REPOS : **1 H**

POUR LA PÂTE À PIDE

* 500 g de farine
* 1 c. à soupe de sucre de poudre
* 1 sachet de levure de boulanger sèche
* 15 cl d'eau tiède
* 10 cl de lait tiède
* 2 jaunes d'œufs

POUR LA GARNITURE

* 1 poivron rouge
* 2 poivrons jaunes
* 2 oignons rouges
* 1 gousse d'ail
* Quelques brins de persil
* 2 c. à café de thym
* 1 c. à soupe de paprika
* 1 c. à soupe de concentré de tomates
* 2 c. à soupe d'huile d'olive
* 450 g de chèvre frais
* 240 g de viande à kebab pas trop cuite (voir p. 20)
* 1 ou 2 c. à soupe de miel liquide

PÂTE À PIDE

1. Préparez la pâte à pide (voir p. 96). Couvrez et laissez-la lever 1 h environ à l'abri des courants d'air.

GARNITURE

2. Pendant ce temps, coupez grossièrement les poivrons, les oignons, l'ail et le persil. Mixez-les ensuite en petits morceaux.
3. Mélangez-les avec les herbes et épices, le concentré de tomates, 1 c. à café de sel et 1 c. à café de poivre. Arrosez d'huile d'olive et mélangez bien afin d'obtenir une préparation homogène, couvrez et réservez au frais.
4. Lorsque la pâte à bien levé, dégazez-la en la travaillant et divisez-la en petites boules de taille identique (environ 80 g). Farinez légèrement le plan de travail et façonnez les pides en leur donnant une forme ovale.
5. Déposez au centre 1 c. à soupe de légumes hachés, du chèvre et quelques morceaux de viande, puis repliez les bords vers l'intérieur, sur la farce, en conservant la forme ovale, comme une sorte de barque. Placez-les au fur et à mesure sur une plaque de cuisson recouverte de papier sulfurisé.
6. Préchauffez le four à 200 °C. Badigeonnez les bords des pides avec du jaune d'œuf, puis enfournez les pides 15 à 20 min, jusqu'à ce qu'elles soient bien dorées. Arrosez de miel après cuisson.

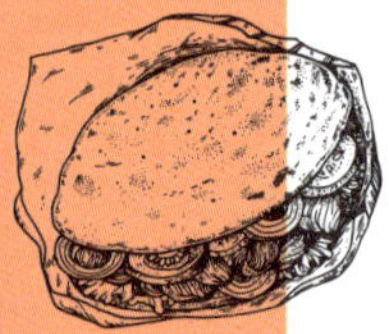

PIDE
Bœuf haché

POUR **6 À 8 PIDES**
PRÉPARATION : **30 MIN**
CUISSON : **10 À 15 MIN**
REPOS : **1 H**

POUR LA PÂTE À PIDE

* 500 g de farine
* 1 c. à soupe de sucre de poudre
* 1 sachet de levure de boulanger sèche
* 15 cl d'eau tiède
* 10 cl de lait tiède
* 2 jaunes d'œufs

POUR LA GARNITURE

* 250 g de bœuf haché
* 2 tomates
* 1 poivron rouge
* 2 oignons jaunes
* 1 gousse d'ail
* Quelques brins de persil
* 2 c. à café d'origan
* 1 c. à soupe de paprika
* 1 c. à soupe de concentré de tomates
* 2 c. à soupe d'huile d'olive

PÂTE À PIDE

1. Préparez la pâte à pide (voir p. 96). Couvrez-la et laissez-la lever 1 h environ à l'abri des courants d'air.

GARNITURE

2. Pendant ce temps, coupez grossièrement les tomates, le poivron, les oignons, l'ail et le persil. Mixez-les ensuite en petits morceaux.

3. Ajoutez-les à la viande hachée avec l'origan, le paprika, le concentré de tomates, 1 c. à café de sel et 1 c. à café de poivre.

4. Arrosez d'huile d'olive et mélangez bien afin d'obtenir une préparation homogène, couvrez et réservez au frais.

5. Lorsque la pâte à bien levé, dégazez-la en la travaillant et divisez-la en 6 à 8 petites boules de taille identique (environ 80 g). Farinez légèrement le plan de travail et façonnez les pides en leur donnant une forme ovale.

6. Déposez au centre 1 c. à soupe de farce, puis repliez les bords vers l'intérieur, sur la farce, en conservant la forme ovale, comme une sorte de barque. Placez-les au fur et à mesure sur une plaque de cuisson recouverte de papier sulfurisé.

7. Préchauffez le four à 200 °C. Badigeonnez les bords des pides avec du jaune d'œuf, puis enfournez les pides pour 10 à 15 min, jusqu'à ce qu'elles soient bien dorées.

Les Boissons

CITRONNADE
maison

POUR **ENVIRON 3,5 L**
PRÉPARATION : **5 MIN**

* 6 citrons jaunes + quelques rondelles pour servir
* 3 citrons verts + quelques rondelles pour servir
* 3 l d'eau
* 150 g de sucre en poudre
* 8 glaçons (facultatif)
* 6 feuilles de menthe

1. Pressez les citrons jaunes et verts et réservez le jus.
2. Versez l'eau dans une carafe, ajoutez le sucre et mélangez.
3. Ajoutez le jus des citrons, mélangez bien et ajoutez éventuellement les glaçons (si vous servez tout de suite).
4. Ajoutez les feuilles de menthe et les rondelles de citrons, mélangez le tout avant de déguster.

NAR SUYU,

jus de grenade maison

POUR **ENVIRON 1 L**
PRÉPARATION : **20 MIN**
CUISSON : **15 MIN**
REPOS : **1 H**

- 4 grenades
- 0,5 l d'eau
- 200 g de cerises
- 1 c. à café de sucre en poudre (facultatif)

1. Nettoyez les grenades, puis extrayez les graines. Placez les graines et l'eau dans une casserole, puis faites cuire 2 min à feu moyen.
2. Ajoutez les cerises nettoyées et dénoyautées, et couvrez partiellement la casserole. Laissez chauffer jusqu'à ébullition et écumez la mousse à la surface.
3. Après ébullition, réduisez légèrement le feu et finissez la cuisson 5 min à feu doux. Laissez reposer 10 min dans la casserole hors du feu afin que les fruits infusent.
4. Filtrez le contenu de la casserole à travers une passoire en écrasant les fruits avec une fourchette pour récupérer le maximum de jus.
5. Ajoutez éventuellement le sucre et mélangez. Placez au réfrigérateur au moins 1 h et servez frais.

THÉ TURC GLACÉ
à la pêche

POUR **ENVIRON 1 L**
PRÉPARATION : **10 MIN**
REPOS : **1 H 30**
CUISSON : **45 À 50 MIN**

* 4 c. à soupe de thé turc Çaykur®

POUR LE SIROP DE PÊCHES

* 4 pêches
* 40 cl d'eau
* 1 c. à soupe de jus de citron

1. Préparez le sirop de pêches. Coupez les pêches en gros morceaux. Portez l'eau à ébullition avec le jus de citron dans une casserole, puis déposez-y les pêches. Laissez cuire à feu moyen pendant 5 à 10 min. Hors du feu, laissez infuser 1 h. Filtrez le jus et réservez au frais.
2. Préparez le thé avec une théière double : la partie haute sert de théière et celle basse de bouilloire. Remplissez d'eau la partie basse. Placez le thé en haut.
3. Laissez bouillir 20 minutes sur feu moyen. Dès que l'eau commence à bouillir dans la partie basse, décalez légèrement la partie haute pour que la chaleur sorte.
4. Lorsque l'eau a bien bouilli, versez l'équivalent d'un grand verre d'eau bouillante dans la partie haute avec le thé.
5. Ajoutez un grand verre d'eau dans la partie basse pour refaire le niveau, puis laissez infuser pendant 20 minutes à feu doux.
6. Versez le thé dans un verre turc idéalement : remplissez environ ¼ du verre avec le thé de la partie haute, filtré à travers une passoire, et ¾ d'eau bouillante de la partie basse. Ajoutez un peu de sirop de pêche dans chaque verre.
7. Laissez refroidir, placez au réfrigérateur au moins 30 min, puis servez avec des glaçons pour un thé glacé bien rafraîchissant !

Si vous n'avez pas de théière double, utilisez une casserole pour l'eau et une théière classique pour le thé.

Vous pouvez également déguster ce thé plus traditionnellement chaud. Pour cela servez-le dès l'étape 6 !

LIMONADE TURQUE
à la menthe

POUR **ENVIRON 1 L**
PRÉPARATION : **15 MIN**
REPOS : **4 À 12 H**

* 6 citrons + quelques rondelles pour servir
* 1 l d'eau
* 100 g de sucre (à ajuster selon votre goût)
* 12 feuilles de menthe

1. La veille, râpez les zestes des citrons et placez-les dans une casserole avec l'eau et le sucre. Portez à ébullition en remuant jusqu'à ce que le sucre soit dissous. Réduisez le feu et poursuivez la cuisson à petits bouillons pendant 5 min. Retirez du feu et laissez tiédir.
2. Pressez les citrons pelés, placez le jus et les « coques » pelées et pressées dans un bol en verre. Versez dessus le contenu de la casserole encore tiède. Ajoutez 6 à 8 feuilles de menthe.
3. Couvrez le bol d'un film alimentaire et réfrigérez plusieurs heures ou toute la nuit.
4. Le jour même, filtrez le contenu du bol à l'aide d'une passoire métallique à mailles fines. Pressez les ingrédients pour en faire sortir le plus de liquide possible, puis jetez-les.
5. Versez dans un pichet en filtrant à nouveau avec une passoire, puis ajoutez éventuellement de l'eau ou du sucre, selon votre goût.
6. Servez la citronnade avec quelques rondelles de citron et des feuilles de menthe.

INDEX PAR INGRÉDIENT

A-B

C

REMERCIEMENTS

L'Éditeur tient à remercier Kamal Zaoui et Nordine Bara qui nous ont dévoilé les secrets de cuisine de leurs restaurants. Un grand merci aux chefs Shérazade Laoudedj et Mathieu Scherrer qui ont participé à l'élaboration de recettes signatures.

L'Éditeur se joint également à Séverine Augé et Simon Détraz pour remercier Arnaud, Justine, Solène, Mado, Djed et Davy pour leur patience et leur dévouement tout au long du shooting : vous avez su porter ces kebabs avec style.

RECETTES DE LÜKS KEBAB, SHÉRAZADE LAODEDJ ET MATHIEU SCHERRER.
PHOTOGRAPHIES : © SIMON DETRAZ
STYLISME : SÉVERINE AUGÉ

Illustrations : © Shutterstock.

Direction de la publication : Isabelle Jeuge-Maynart et Ghislaine Stora
Direction éditoriale : Émilie Franc et Julie Martin
Direction artistique : Géraldine Lamy
Édition : Bénédicte Bertrand, avec l'aide de Marine Lesauvage
Conception graphique et couverture : Valentine Antenni
Adaptation et mise en pages : Hélène Léonard
Préparation de copie et relecture : Fanny Delahaye
Fabrication : Donia Faiz

ISBN : 978-2-03-605269-7
Imprimé en Espagne
Dépôt légal : septembre 2023
334053/01 – 11053081 – juillet 2023